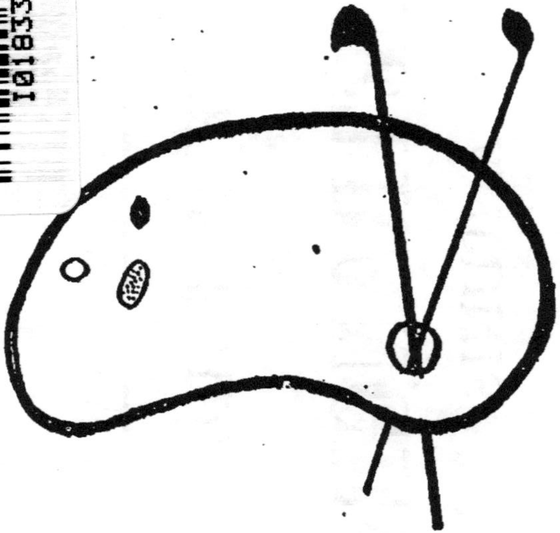

PETIT GUIDE

DE

L'ÉTRANGER

A TUNIS

PAR

ÉDOUARD GASSELIN

Drogman sans résidence fixe
attaché au Consulat général de France à Tunis,
Officier du nichan Iftikhar.

Prix : 1 fr. 25 ou 2 piastres.

CONSTANTINE	PARIS
LIBRAIRIE L. MARLE	CHALLAMEL LIBRAIRIE
2, rue d'Aumale.	27, rue Bellechasse.

1869

ERRATA.

Page 6, 18e ligne, *au lieu de* : dimanche matin, *lisez* : mercredi matin.

Page 10, 3e ligne, *au lieu de* : 152 milles, *lisez* : 105 milles.

Les pages 45, 46 et 47 doivent être placées après la page 49 ; elles sont le complément du chapitre VIII.

PETIT GUIDE
DE
L'ÉTRANGER
A
TUNIS

PAR

ÉDOUARD GASSELIN

Drogman sans résidence fixe
attaché au Consulat général de France à Tunis,
Officier du nichan Iftikhar.

Prix : 1 fr. 25 ou 2 piastres.

CONSTANTINE
LIBRAIRIE DE L. MARLE
PARIS
CHEZ CHALLAMEL, 27, RUE BELLECHASSE
1869

AVANT-PROPOS.

Plusieurs ouvrages ont été déjà publiés sur la Régence de Tunis. Aussi mon intention n'est-elle pas d'en grossir le nombre. J'ai voulu seulement, en indiquant de mon mieux ce qui peut présenter quelque intérêt, permettre au voyageur de suppléer par lui-même aux guides véritables qui manquent presque totalement à Tunis.

Tunis, le 1er novembre 1868.

ED. GASSELIN.

PETIT GUIDE

DE

L'ÉTRANGER A TUNIS

CHAPITRE Ier.

SOMMAIRE :

Départs de France et d'Italie pour Tunis. — Lignes suivies par ces courriers. — Services postaux français et italiens. — La Goulette, port de Tunis. — Description sommaire de La Goulette. — Ruines de Carthage. — Chapelle commémorative de Saint-Louis de Carthage.

Les départs pour Tunis ont lieu : de Marseille, tous les vendredis à 5 heures du soir, par le paquebot des Messageries impériales qui passe à Philippeville, Bône et La Calle; et de Gênes, tous les vendredis à 9 heures du soir par les bateaux à vapeur de la Compagnie Rubattino, qui touchent à Livourne et à Cagliari.

Le courrier de France arrive à Tunis le jeudi. Les premier et troisième courriers de chaque mois, le bateau, passant à La Calle, n'arrive à Tunis que le vendredi matin. Dans ce dernier cas, il repart le samedi à 6 heures du soir; dans le premier, il quitte Tunis le dimanche à midi. L'agent des Messageries impériales à Tunis est M. Gabriel Valensi. Le bureau est sis en face de l'ancien consulat de France, derrière le consulat d'Angleterre.

Le bateau d'Italie arrive à Tunis le lundi dans la matinée et repart pour Cagliari, Livourne et Gênes le dimanche matin. L'agent des vapeurs italiens à Tunis est M. G. Fedriani.

Ces deux compagnies sont chargées du service postal.

Les lettres de France sont distribuées à la chancellerie du consulat général de France. La boite est audit consulat, près des bureaux de la chancellerie ; l'affranchissement des lettres et échantillons se fait en chancellerie (voir ci-joint le tarif).

La distribution et l'affranchissement des lettres d'Italie se font au bureau des postes italiennes, adjacent au consulat général d'Italie (voir ci-joint le tarif).

L'heure de la distribution des lettres de l'un et de l'autre de ces courriers est affichée à la porte de la Bourse, sur la place de Tunis.

La Goulette. — En arrivant, on débarque à La Goulette, dans des embarcations qui viennent prendre passagers et bagages. Le prix du débarquement varie de 5 francs à 10 francs, suivant le temps. A l'entrée du chenal est la douane où sont faites les déclarations.

Située au fond sud-ouest du golfe de Tunis, La Goulette possède environ 3,000 habitants. C'est là qu'en été se transportent le Bey et sa cour lors de la saison des bains de mer.

Distante de Tunis d'environ 17 kilomètres, la Goulette se trouve à l'embouchure du lac (Behira), au commencement du canal qui joint le lac à la mer; de là vient son nom *Halq-el-Oued* (canal, goulet).

La Goulette a un gouverneur, et c'est aussi le séjour habituel du ministre de la marine. C'est encore dans cette ville que se trouvent les galères ou *karrakas* où sont détenus les coupables de délits, de crimes ou d'indiscipline. Les galériens sont assujettis à de rudes travaux : ils balayent La Goulette, nettoient le canal et sont soumis à une sévère surveillance. Ils sont enchaînés deux par deux.

La Goulette est située à environ une lieue au sud de Carthage dont on a découvert de nombreux vestiges, outre les ruines considérables encore debout, telles que les citernes de Carthage, où les voyageurs se plaisent à laisser leurs noms et la date de leur visite, et les ruines de l'ancien aqueduc duquel le Bey s'est servi pour construire le nouveau canal qui amène les eaux des sources de Zaghouan et Djouggar à Tunis où, jusqu'en 1862, il n'y avait que l'eau des citernes dont sont pourvues presque toutes les habitations.

Au-dessus de l'emplacement de Carthage se trouve la chapelle commémorative de Saint-Louis, fondée en 1839, au lieu même où ce roi mourut de la peste en assiégeant Tunis.

En regard de Saint-Louis est construit le village arabe de Sidi-Bou-Saïd.

Autour de Carthage, au nord et à l'ouest, on voit de belles campagnes : la Marsa, l'Ariane, Djáfar, entourées d'oliviers de tous côtés.

CHAPITRE II.

SOMMAIRE :

Trajet de La Goulette à Tunis. — Trajet par le lac. — Trajet par terre. — Arrivée à Tunis. — Chicli. — La marine. — Sommaire historique de Tunis. — Population. — Différents quartiers. — Artères principales. — Endroits à visiter dans l'intérieur de la ville.

Le trajet de La Goulette à Tunis peut s'effectuer de deux manières : par le lac ou par terre.

TRAJET PAR LE LAC. — La traversée du lac s'effectue dans des felouques à voiles ; si le vent est favorable, on est rendu à Tunis en une heure ou une heure un quart. Ce mode de transport permet au voyageur d'embrasser du regard le panorama de la ville de Tunis et ses environs nord et sud. Arrivé à hauteur de l'ilot dit de *Chicli*, remarquable par un vieux fort construit par les Espagnols et surmonté des bras d'un ancien télégraphe aérien, le touriste peut distinguer : en face, Tunis ; sur sa gauche, deux monticules à l'extrémité desquels se trouvent deux forts ; à l'horizon, derrière eux, un village entouré d'arbres appelé *Mannoubia*, lieu saint, et dont l'approche est interdite aux Européens ; sur sa droite, la route qui mène au Bardo et l'ancien aqueduc espagnol qui coupe cette route ; plus près et longeant les bords du lac, la route de Tunis à La Goulette.

On débarque à la marine où se trouvent les baraques servant d'entrepôts à la douane ; on traverse alors la promenade de la marine, longue d'environ 600 mètres et plantée d'arbres ; on passe devant l'hôtel consulaire de France et l'on arrive à la porte dite *Bab-el-bhar* (porte de la mer), ouverte jour et nuit et donnant accès sur la place du même nom, centre du quartier européen.

TRAJET PAR TERRE. — Quand on se rend de La Goulette à Tunis par terre, le trajet est d'une heure et demie. Le prix des voitures, que l'on trouve en dehors de la porte de La Goulette, est d'environ 10 à 15 piastres (7 à 10 francs) : il n'y a pas de tarif. On longe les bords du lac ; à mi-chemin on rencontre le café maure de l'*Aouina* et l'on entre à Tunis par la porte dite *Bab-Khadra* (porte verte). A hauteur de l'Aouina et regardant par la portière de droite, on aperçoit les ruines de l'ancien aqueduc de Carthage, et plus loin, au milieu des nombreux oliviers, les campagnes de la Marsa, de Djafar et de l'Ariane.

SOMMAIRE HISTORIQUE DE TUNIS. —

Tunis a existé de temps immémorial. Sous le nom de *Tunés*, elle formait un des villages qui entouraient Carthage. Possession de la Turquie qui y avait comme représentant le *Douletli* (gouverneur de Tunis, aujourd'hui *Férik*), la Tunisie est devenue, avant la conquête de l'Algérie par la France, royaume indépendant sous la domination exclusive des Beys (voir annales tunisiennes de M. Rousseau, consul de France). Le gouvernement est monarchique et absolu. Le Bey actuel est Sidi Mohammed Essadok Pacha, de la dynastie Hussénite (famille Hassen ben Ali), qui est monté sur le trône le 27 de safar 1276 (avril 1858); l'héritier présomptif est Sidi Aly Bey qui porte le titre de Bey du Camp.

POPULATION. — La Tunisie compte environ 1,200,000 habitants. Tunis, pour sa part, contient près de 100,000 âmes, dont 15,000 européens et 26,000 juifs.

Différents quartiers. — Tunis est une ville de construction essentiellement arabe, mais où les quartiers européens prennent de jour en jour un caractère assez sérieux de développement. Ces quartiers occupent le tiers de la longueur du côté est de la ville. Les israélites ont également un quartier spécial appelé *Hara* où l'on ne trouve point d'habitations arabes; enfin tout le N.-O., N.-E. et S.-E. de la ville est réservé aux musulmans.

Deux grandes artères traversent Tunis dans toute sa largeur : l'une part de la porte dite *Bab-Bhar* et aboutit à celle dite *Bab-bou-Sadoun* par où l'on se rend au Bardo. La seconde part de la porte dite *Bab-el*

Fella et aboutit aussi à *Bab-bou-Sadoun* après avoir traversé les quartiers maures. *Bab-el-Fella* donne accès sur la route de Sousse.

En fait d'endroits curieux à visiter dans l'intérieur de la ville, nous indiquerons d'abord *Dar-el-Bey*, palais de ville du souverain qui l'habite seulement pendant le mois de jeûne *(ramadan)*. On obtient la permission de visiter ce monument en s'adressant à M. le général Bogo, secrétaire de S. A. le Bey.

En sortant de Dar-el-Bey, on peut voir le fort de la *Casba* dont la porte présente un spécimen de peintures arabes qui a été imité à l'Exposition universelle de 1867 (palais tunisien). Puis les marchés ou *souq* dont le plus intéressant est celui appelé *Souq-el-Bey*, près de *Dar-el-Bey*. On y vend des essences de rose et de jasmin, des soieries, des burnous, des tapis, des couvertures. Une partie de ce souq, appellé *souq-el-barka*, où l'on vendait autrefois les esclaves, est réservée au commerce de bijoux de toute sorte qui s'y vendent à l'encan par l'organe de crieurs publics appelés *dellal*.

En suivant le prolongement de souq-el-barka, on arrive à une impasse étroite garnie de petites boutiques de juifs qui tous font le commerce des pierres antiques gravées et des vieilles monnaies d'or, d'argent et de cuivre.

CHAPITRE III.

SOMMAIRE :

Diverses puissances représentées à Tunis. — Heures de bureau des consulats. — Audiences de justice du Bey. — Moyens de s'y présenter. — Prix des fiacres. — Théâtre. — Cafés maures. — Mœurs des habitants.

Les diverses puissances européennes ont à Tunis des représentants.

La France, l'Italie, l'Angleterre, l'Autriche, la Suède, l'Espagne, la Hollande, la République de St-Marin, la Principauté de Monaco, la Belgique, y ont des consuls généraux.

Le Portugal a un consul.

Le consul général de Hollande est chargé du consulat de Russie; celui de Suède est chargé du consulat de Prusse. Le consul général de France est protecteur des Suisses (canton français); celui d'Italie protecteur des Suisses (canton du Tésin).

Les chancelleries des divers consulats sont ouvertes aux heures suivantes, le dimanche excepté :

de France, le matin, de 9 à 12, le soir, de 2 à 4
d'Italie, — 10 à 12, — 2 à 4
d'Angleterre, — 10 à 12, — clôture
d'Espagne, — 10 à 12, — 2 à 4
d'Autriche, — 10 à 12, — 2 à 4

Les chancelleries délivrent les passeports et toutes les pièces judiciaires et notariées.

Audiences du Bey. — Une des plus intéressantes visites à faire pour un touriste est la justice du Bey. Les jours d'audience sont les lundi et samedi, à dix heures du matin. La justice a lieu au Bardo et à La Goulette quand le Bey l'habite pendant la saison des bains de mer.

Les divers consulats ayant, en général, des réclamations à faire ces jours-là, envoient devant le Bey un janissaire chargé de traiter les affaires et d'assister les plaignants durant l'audience. Quiconque désirera donc voir de près une de ces séances, pourra obtenir facilement d'accompagner le janissaire qui est envoyé. Le Bey tranche les contestations sans appel et en dernier ressort. Il a le droit de vie et de mort et ses sentences sont exécutées sur-le-champ. Il condamne à la décapitation ou à la pendaison ; dans le premier cas, le bourreau tranche la tête du patient d'un coup de cimeterre ; dans le second, les coupables sont pendus aux créneaux de l'ancien rempart de *Bab-Souika*, qui, de temps immémorial, sont réservés à cet usage.

MOYENS DE TRANSPORT. — On trouve à Tunis d'assez bonnes voitures de louage ; elles appartiennent toutes à des Maltais, à l'avidité desquels le voyageur échappe difficilement. Aucun tarif n'existe ; mais le prix de location d'une voiture à la journée ne peut guère excéder de 25 à 30 piastres, soit 15 à 20 francs. Les voitures font le trajet de Tunis à La Goulette, à la Marsa, à l'Ariane, au Bardo, etc.

Théatre. — Il y a à Tunis, en allant vers la promenade de la marine, un théâtre construit en bois ; des compagnies venant d'Italie y représentent, de jour, des comédies et des drames. Il n'y a point d'opéra. L'installation de ce bâtiment est plus que modeste.

Cafés maures. — La ville renferme un nombre infini de cafés maures dont les plus curieux sont ceux de la Casba et de *Halfaouin* près du palais du Khaznadar. Dans ce dernier, pendant l'été, vient s'installer un conteur arabe qui, durant des heures entières, a pour mission d'amuser de ses récits une quantité, en général considérable, d'indigènes étendus à terre et dont la réunion et les poses offrent un aspect vraiment original.

Le moment est venu de dire en passant quelques mots sur les mœurs des Tunisiens. Elles sont, en général, beaucoup plus relâchées que celles des Algériens. Les hommes s'adonnent volontiers, à Tunis, à la boisson des liqueurs fortes telles que l'absinthe et l'eau-de-vie. Riches et pauvres, tous sont très-enclins à s'enivrer. Quant à la débauche des femmes, elle a atteint son plus haut degré, et les hommes ne reculent même pas devant des plaisirs plus grossiers.

———

CHAPITRE IV.

SOMMAIRE :

Promenades à faire à l'extérieur de Tunis. — Le Bardo. — Sidi Fethallah. — L'Ammamlif et Courbès. — L'Ariane et la Marsa. — Saint-Louis de Carthage. — Manufacture de draps de Toubourba. — Objets de l'industrie locale à emporter.

La première course à faire au dehors de la ville est celle du Bardo. Le Bardo est la résidence ordinaire du Bey et de sa Cour. Le palais est de construction arabe et l'architecture de certaines parties offre un caractère particulier. Les appartements des femmes sont les plus curieux. On obtient aisément l'autorisation de visiter ce monument. Autour du Bardo sont les jardins de la Manouba, appartenant presque tous aux grands personnages de la cour. Ces jardins fournissent une quantité considérable d'oranges et de mandarines d'un parfum exquis. La Manouba est le plus joli but de promenade à cheval des environs.

Sidi-Fethallah, village qui se trouve sur la route de Sousse, à une demi-heure environ de Tunis, est remarquable par le fait suivant : il s'y trouve une pierre ou rocher qui, au dire des indigènes, a le don de détruire la stérilité. En suite de cette croyance, un grand nombre de femmes arabes se rendent à *Sidi-Feth-Allah* le vendredi et se laissent glisser, à trois reprises différentes, sur le rocher fécondant. C'est un spectacle assez curieux.

Plus loin, sur la route de Sousse, on voit le palais de l'Hammamlif, au pied de la montagne de ce nom. En cet endroit se trouvent des eaux thermales dont la température moyenne est de 60 degrés.

A Courbès, plus loin que l'Hammamlif et à six heures de Tunis, sont des sources d'eaux sulfureuses très-efficaces pour les maladies de peau et les douleurs rhumatismales.

Nous avons déjà dit quelques mots des campagnes de l'Ariane et de la Marsa. Cette dernière est la plus considérable. Le prédécesseur du Bey actuel en avait fait sa résidence d'été et l'on y peut voir de riches palais. Nous croyons devoir placer ici le fait suivant : le Bey régnant ne peut, sans être mal vu, choisir, pour l'habiter pendant l'été, la même résidence que son prédécesseur. Ainsi le Bey actuel ne peut résider à la Marsa et le futur souverain de la Régence ne pourra pas habiter La Goulette.

Nous avons également fait mention de la chapelle Saint-Louis de Carthage. Il faut, pour la visiter, être muni d'un permis délivré par le consulat général de France.

Toubourba, à trois heures de Tunis en voiture, est le siége de la manufacture de draps du gouvernement tunisien. Le personnel des ouvriers est entièrement composé d'Européens. Toubourba est située sur les bords de la rivière la *Medjerda*. Cette fabrique fournit les draps d'habillement et les couvertures pour les troupes de S. A. le Bey.

OBJETS A EMPORTER. — En première ligne les bonnets rouges ou *chachias* de Tunis, très-réputées pour leur belle couleur pourpre et qu'on envoie jusqu'en Amérique. Des coffrets et des tabourets d'acajou incrusté de nacre; des poignards d'acier damassé et des fusils arabes à crosse incrustée de corail et de nacre.

Enfin on trouve à souk-el-barka,

dont nous avons parlé plus haut, de belles occasions d'acheter des armes de prix et des bijoux.

Quant aux produits de l'industrie locale, ils consistent en chachias, couvertures de laine de Djerba, burnous blancs et *djebbas* (sorte de robes de chambre d'été) de Djerba en soie et laine de différentes couleurs.

CHAPITRE V.

SOMMAIRE :

Mosquées. — Hospices. — Casernes. — Caserne d'artillerie. — Prison de ville, dite Driba. — Manutention — Chiffre approximatif de l'armée du Bey. — Troupes mercenaires. — Musique militaire.

MOSQUÉES. — Tunis compte douze mosquées principales ou *djouama* :

1° La mosquée dite *djamâ Zitouna*, la plus ancienne de Tunis, sise à souq-el-Bey ;

2° *Djamâ Sidi Youssef*, à Souq-el-Bey, bâtie par le douletti Youssef Bey qui y a été enterré ;

3° *Djamâ Hamouda Bacha* dite *djamâ Sidi bel Arous*, sise près de la *Driba* (prison de ville) ;

4° *Djamâ el Casba*, sise à la Casba, bâtie par El Hafsi, ancien bey de Tunis ;

5° *Djamâ el Ksar*, sise près de la municipalité ;

6° *Djamâ el Djedid*, sise près du Souq-el-Blat ;

7° *Djamâ Bab Dzira*, près du moulin à vapeur de Ben Ayed ;

8° *Djamâ Bey M'hammed*, en face de *Sidi Mahrez* en allant à bab Souika ;

9° *Djamâ Sahab Ettaba*, bâtie par Youssef Sahab Ettaba, en face du palais du khasnadar à Halfaouin ;

10° *Djamâ Bey M'hammed*, près de Halfaouin ;

11° *Djamâ El Hlaq*, en dehors de la porte dite *bab Djedid*, près du souq des laines ;

12° *Djamâ Bab Djezira*, en dehors de la porte du même.

Ces mosquées sont les principales de Tunis ; il y en a encore un grand nombre, mais moins importantes, dites *Msajed* et dédiées à différents saints ou marabouts. L'entrée des unes et des autres est complétement interdite aux Européens.

Hospices. — Il n'y a qu'un seul hospice pour les malades : il est appelé *El Moroustan* et se trouve au quartier des *sbabtias* (cordonniers). Il a été construit par Aziza Otmana de la famille des beys Hfasis. Il est très-vaste et l'intérieur est planté d'arbres.

Casernes. — Les plus grandes casernes sont à Tunis :

1º Celle dite *kachlat el Attarin* (au souq des essences), réservée aux soldats de police, bâtie par Hamouda Bacha ;

2º *Kachlat Souq el Ouzar*, bâtie par Hamouda Bacha, réservée à l'infanterie ;

3º *Kachlat Souq el Blat*, bâtie par

Hamouda Bacha, réservée à l'infanterie;

4° *Kachlat el Bchamequia* (près de souq trouk), bâtie par Hamouda Bacha, réservée à l'infanterie;

5° *Kachlat el Hsinïa*, précédemment mosquée dite *djamâ Essultan*, faite caserne par Heussein bey (infanterie).

En dehors de la ville se trouvent deux casernes :

1° Celle dite *kachlat Ettobdjia*, sur la route du Bardo, bâtie par Ahmed Bey, caserne d'artillerie;

2° *Kachlat el Khyala*, à la Manouba, précédemment maison de campagne de Hamouda Bacha, faite caserne de cavalerie par Ahmed Bey.

PRISON DE VILLE. — La prison de ville ou *Driba* se trouve dans le palais du Férik (gouverneur de la ville) près de la Casba.

MANUTENTION. — A la Casba on trouve la manutention; cette fabrique à vapeur appartient à un riche tunisien, Si Hamida ben Ayed; elle est dirigée par un Européen. Elle doit fournir le pain nécessaire à la cour et aux troupes de S. A. le Bey.

ARMÉE. — L'armée compte environ 10,000 hommes de troupes régulières dans toute la Régence. La tenue des soldats se rapproche de celle des Zouaves français. Outre ce corps régulier, le Bey lève, à l'époque du recouvrement des impôts, plusieurs camps irréguliers composés de *Zouaouas* (habitants de la Kabylie).

L'un de ces camps est commandé par l'héritier présomptif du trône appelé Bey-du-camp.

Un fait digne de remarque est que la majeure partie des Zouaouas, qui prennent du service à Tunis, sont d'anciens Tirailleurs algériens en congé de libération.

Musique. — La musique du Bey est composée d'environ 30 indigènes. Ils jouent des marches turques, n'ont que des instruments en cuivre, et jouent tous à l'unisson.

CHAPITRE VI.

SOMMAIRE :

Villes principales de la Régence : Porte-Farine, Bizerte, Tabarca ; Sahel : Sousse, Monastier, la Mehdie, Sfax, Gabès, Djerba, Le Kef, Béjà, Le Kaïrouan. — Productions et industries de ces points. — Distances à la capitale. — Moyens de s'y rendre.

Les villes principales de la Régence sont peu nombreuses, et, parmi elles, peu sont importantes. En fait de ports de mer, on trouve, en allant à l'ouest : *Porte-Farine, Bizerte* et *l'île de Tabarque* ; à l'est : *Sousse, Monastier, la Mehdie, Sfax, Gabès* et *l'île de Djerba*.

Quant aux villes de l'intérieur, elles sont encore en plus petit nombre, c'est : *le Kef*, à cinq heures de la frontière algérienne ; *Béjà*, à huit heures au N.-E. du Kef ; *le Kaïrouan*, dans le Sahel, et un grand nombre de petits villages.

On appelle *Sahel* tout le littoral est de la Régence.

PORTE-FARINE. — A Environ trois heures de Tunis, Porte-Farine offre un refuge assuré aux navires que le vent de nord-est, fréquent pendant certaines époques, met en danger. On y trouve quelques familles européennes. Peu d'importance.

BIZERTE. — Au N.-O. de Porte-Farine, on rencontre Bizerte, ville riche en céréales et en laines. Ses habitants sont au nombre de 3,000, dont un tiers environ d'israélites et à peu près 150 Européens. Rendez-vous des pêcheurs de corail, Bizerte a acquis une grande importance par le voisinage du câble sous-marin établissant les communications de l'Algérie avec la France et qui vient s'atterrir sur sa plage.

TABARQUE. — En continuant à

l'ouest de Bizerte, on arrive à l'île de Tabarque ou *Tabarca* dont les rochers arides et l'exposition à tous les vents sont souvent fatals aux navires. De plus, ses habitants, qui consistent en tribus insoumises au Bey, ont pour principale ressource le pillage des navires qui s'échouent sur leurs côtes inhospitalières.

Le territoire qui fait face à l'île de Tabarque est riche en productions du sol, telles que forêts de chêne-liége et produits minéralogiques. Aussi ce territoire a-t-il été le point de mire de diverses compagnies; mais toutes ont dû renoncer à explorer et exploiter ces côtes insoumises et peuplées de flibustiers.

Sahel. — Sousse. — Après Tunis, la ville la plus importante de la Régence et du Sahel est Sousse. Ses habitants sont au nombre de

6,000 desquels environ 400 Européens.

Sousse est la clé du Sahel. Le Sahel se compose de toute la partie du littoral de la Régence, depuis *Hamamet* jusqu'à *La Mehdie*. Le Sahel est le grenier de la Régence pour les huiles, comme les provinces de Bizerte et du Kef le sont pour les grains. Sousse est le centre des opérations commerciales d'exportation des huiles.

MONASTIER. — A quelques lieues à l'est de Sousse, en suivant le littoral, on rencontre la petite ville d'*El-Mestir* ou *Monastier*. Quoique peu considérable, elle est, comme Sousse, le but de la majeure partie des navires de commerce faisant les exportations d'huiles. A l'exportation du produit de l'olive, Monastier joint celle des laines dont la qualité y est estimée et recherchée. Le gouvernement du Bey se fournit à Monastier des toisons destinées à la manufacture de draps de Toubourba.

La Mehdie, Sfax, Gabès, Djerba. — Après Monastier et à égale distance de l'autre côté du cap Dimas, on trouve La Mehdie, point de peu d'importance. Après La Mehdie, on rencontre Sfax, remarquable par le phénomène de la marée qui s'y produit comme sur les côtes de l'Océan. Sur la route de Sousse à Sfax, on rencontre les ruines de l'ancien amphitéâtre du *Gemm*. Partie de ce monument est encore debout, bien que délabrée par le temps. C'est là que se trouve la plupart des pierres antiques gravées.

Sfax est moins important que Sousse; il en est de même de Gabès; ces deux points contiennent plusieurs familles européennes. Enfin, après Gabès, en se rapprochant de la Régence Tripolitaine, on rencontre l'ile de Djerba, remarquable par la richesse de ses productions, tant en couvertures de laine manufacturées, qu'en étoffes de soie et cultures d'oliviers.

Le Kef, Kaïrouan, Béja. — Les villes de l'intérieur de la Régence offrent un intérêt bien moindre que celles du littoral. Le Kef, ancienne Sicca-Veneria, se trouve à 5 heures de la frontière algérienne. Béja est au nord-est du Kef. Le Kaïrouan est au sud de Sousse. Il n'y a pas d'Européens dans ces trois points; Le Kaïrouan est une ville sainte dont l'entrée est interdite aux chrétiens.

DISTANCES APPROXIMATIVES DES DIFFÉRENTES VILLES A LA CAPITALE.

De Tunis à Sousse ..... 152 milles.
— Sfax .... 210 —
— Gabès...... 250 —
— Bizerte..... 55 —
— Porte-Farine 36 —
— Béjà .... 75 —
— Kef........ 120 —

On se rend dans ces différents points en voiture ; bien qu'il n'y ait pas de routes pierrées, les voitures suivent le chemin battu et prennent quelquefois à travers champs pour éviter les ornières nombreuses que forment les pluies en hiver.

CHAPITRE VII.

SOMMAIRE :

Système monétaire. — Concordance des monnaies de Tunis avec celles de France, d'Italie et d'Angleterre.

Bien que voisine de l'Algérie et de l'Europe, la Tunisie n'a point encore adopté pour ses monnaies le système décimal, pas plus qu'elle n'a adopté le système métrique pour ses poids et ses mesures.

L'unité monétaire est la piastre (*rial*); la piastre se subdivise en 16 caroubes (*kharrouba*); la caroube en 3 aspres et quart (*nasri*); l'aspre en 2 *felss*. La piastre vaudra donc 52 aspres ou 104 felss.

Les pièces d'or sont de cinq, dix, vingt-cinq, cinquante et cent piastres; celles d'argent de 1/4, 1/2 piastre, de une, deux, trois, quatre et cinq piastres. — Elles portent d'un côté le nom du Bey et le mil de leur fabrication, de l'autre le nom du Sultan de Constantinople, suzerain religieux de tous les princes de Barbarie.

Les pièces de cuivre sont d'une demi-caroube, d'une et de deux caroubes.

Par suite de la grande quantité de billon qui est en circulation dans la Régence, le cuivre subit une très-forte dépréciation. Cette dépréciation a atteint, en 1866, le chiffre énorme de 300 p. 0/0, ce que voyant, le Bey a réduit, d'abord de moitié, puis des trois quarts, la monnaie de cuivre en circulation; de sorte que la pièce de cuivre d'une demi-piastre est devenue la pièce actuelle de deux caroubes. Malgré cette réduction considérable, le commerce a encore frappé le billon d'un change qui le ramène à peu près à sa valeur intrinsèque.

Le titre des monnaies d'or et d'argent est le même qu'en France; ces monnaies ont été, d'ailleurs, en grande partie, frappées à Paris à l'Hôtel de la Monnaie.

La valeur de la piastre en francs varie de 60 à 65 centimes. La plus petite valeur du louis d'or sera donc en piastres 30/7684 et sa plus grande de 33/3333. On l'a vu pourtant, en raison du peu de napoléons se trouvant sur place et des exigences du commerce, atteindre la valeur de 35 piastres. Il n'est, bien entendu, question ici que de piastres d'argent.

Pour permettre l'évaluation en piastres et réciproquement des monnaies de France ou d'Italie et d'Angleterre, nous avons dressé le tableau suivant indiquant, à divers changes, les prix des louis d'or et des livres sterling.

DIVERS CHANGES.	PRIX du louis d'or en piastres d'argent.	PRIX de la livre sterling.	OBSERVATIONS.
0 6666	30 00	37 50	Les monnaies italiennes ont la même valeur que les monnaies françaises.
0 6591	30 25	37 8125	
0 6557	30 50	38 1250	
0 6536	30 75	38 4375	
0 6451	31 00	38 75	
0 6400	31 25	39 0625	
0 6349	31 50	39 3750	
0 6299	31 75	39 6875	
0 6250	32 00	40 0000	
0 6201	32 25	40 3125	
0 6153	32 50	40 6250	
0 6106	32 75	40 9375	
0 6060	33 00	41 25	
0 6015	33 25	41 5625	
0 5970	33 50	41 875	
0 5925	33 75	42 1875	
0 5881	34 00	42 50	
0 5839	34 25	42 8125	
0 5797	34 50	43 125	
0 5755	34 75	43 4375	
0 5714	35 00	43 75	

Le métal de Sousse est plus grand que celui de Tunis : 8 métaux de Sousse valent 10 métaux de Tunis. Le métal de Tunis équivaut à 19 lit. 16625. Celui de Sousse vaut donc 23 lit. 9578.

Le métal se subdivise en 16 *saas;* le saa de Tunis vaut donc :

$$\frac{19\ 16625}{16} = 1\ \text{lit. } 19789$$

celui de Sousse :

$$\frac{23\ 9578}{16} = 1\ \text{lit. } 4973$$

Le *cafis* de Béjà (province à l'intérieur ouest de la Régence) est double de celui de Tunis qui équivaut à environ 6 hectolitres et demi.

Le cafis se subdivise en 16 *ouibes* (*ouiba*) et la ouibe en 16 *saas*.

Le cafis de Tunis valant 650 litres, celui de Béjà vaudra 13 hectolitres; l'ouibe de Tunis valant :

$$\frac{650}{16} = 40\ \text{lit. } 625$$

celle de Béjà vaudra 81 lit. 250. Le saa de Tunis valant :
$$\frac{40\,625}{16} = 3 \text{ lit. } 385$$
celui de Béjà vaudra 6 lit. 770.

Mesures de longueur. — La mesure de longueur usitée à Tunis est le pick (*drâ*).

Il a trois picks différents :

1º Le pick qui sert à mesurer les étoffes de laine valant 0^m6729 ;

2º Le pick à mesurer la soie valant 0^m6307 ;

3º Le pick à mesurer la toile qui vaut 0^m4730.

Mesure d'étendue. — Les Arabes comptent le terrain par *méchia*. La méchia est l'espace de terrain que labourent deux bœufs pendant une saison. Elle varie de dix à douze hectares.

La mesure de distance est le mille (en arabe *mil*) qui équivaut à environ

1,300 mètres. Sa longueur varie avec les localités.

CHAPITRE VIII.

SOMMAIRE :

Poids et mesures de Tunis correspondant aux poids et mesures de France.

Poids. — L'unité de poids est le *rotl* (livre) qui équivaut à près de 500 grammes ; 100 rotls forment un quintal (*qontar*) de Tunis qui pèse 50 kilogrammes et un tiers.

Le rotl se subdivise en 16 onces (*ouqia*) ; l'once en 6 méticaux trois quarts (*metsqals*) ; le métical en 24 noyaux (*noyas*) ; la *noya* est représentée par un pépin de caroube (fruit du caroubier).

Le métical et les noyas servent à peser l'or, l'argent, les pierres précieuses et les essences.

Mesures de capacité. — Il y en a de deux sortes : les mesures pour les liquides et celles destinées aux grains et légumes secs.

L'unité de volume des liquides est le métal (*mtar*) et celle des céréales le cafis (*qfiz*).

Le métal varie suivant les localités; il en est de même du cafis.

CHAPITRE IX.

SOMMAIRE :

Gouvernement. — Différents ministères. — Férik. — Police de la ville. — Télégraphe. — Tarif des dépêches.

Le chef de l'État est le Bey. Le Bey actuel est Sidi Mohammed Essadok ; son titre est *Pacha Bey*, son rang *Mouchir*. Il est de la dynastie hassénite dont le premier représentant était Hassen ben Ali.

L'héritier présomptif, ainsi que nous l'avons dit plus haut (Chap. II), est Sidi Ali, Bey du camp, aîné des frères du Bey. Il est tenu à l'écart des affaires et a pour seule mission de commander le camp destiné, chaque année, à faciliter la perception des impôts.

Le Bey a pour premier ministre Sidi Moustapha Khaznadar qui est enmême temps ministre des affaires étrangères. Le ministre de l'intérieur est Si Roustem, celui des finances Si Laziz bou Atour. Ils sont tous trois généraux de division.

Le ministre de la guerre est le général Ahmed Zarrouq, gouverneur du Sahel. Celui de la marine Mohamed Khaznadar, gouverneur de La Goulette.

L'influence de ces quatre derniers ministres s'efface devant celle du Khaznadar qui a la haute main en tout.

Le gouverneur de Tunis est le général de division Si Selim (férik). Il remplace le douletli qui précédemment était nommé par le Sultan ; il est chargé de la police de la ville ; cette dernière se fait par l'entremise des agents dits *dablias*.

Les diverses villes de la Régence

ont un gouverneur qui relève du ministre de la guerre pour les villes du Sahel et du ministre de l'intérieur pour les autres.

Télégraphe. — Tunis est reliée avec La Goulette, Bizerte, Sousse, Monastier, La Mehdie, Sfax et Le Kef par un fil télégraphique. Le service est fait par des employés français.

Les bureaux de Tunis sont ouverts de 7 heures du matin à 8 heures du soir.

Le télégraphe est près du consulat d'Espagne.

DESTINATION DES DÉPÊCHES.	TAXE pour 20 mots.	
Allemagne (nord) { Ouest-Weser...	9	50
Est-Weser.....	10	»
Autriche........................	11	»
Angleterre { Londres, îles de la Manche..........	10	»
Royaume-Uni........	12	»
Bade...........................	9	»
Bavière........................	9	»
Belgique.......................	9	»
Corfou.........................	11	»
Danemarck.....................	12	»
Espagne........................	10	»
Égypte { Alexandrie.............	36	»
Le Caire...............	41	»
Villes du Canal-de-Suez..	43	50
Suez...................	41	»
États romains..................	8	»
France.........................	8	»
Grèce..........................	12	»
Italie..........................	6	»
Luxembourg....................	9	»
Malte..........................	11	»
Algérie........................	2	»
Moldo-Valachie.................	11	»
Norwège.......................	13	50
Pays-Bas.......................	10	»

DESTINATION DES DÉPÊCHES.	TAXE pour 20 mots.	
Portugal....................	11	»
Russie { Europe	15	50
Caucase...............	18	50
Sibérie 1re région	23	50
— 2e région	31	50
Serbie......................	11	»
Suède......................	13	50
Suisse.....................	9	»
Turquie { d'Europe.............	12	»
d'Asie 1re région.......	16	»
— 2e région	20	»
Tripoli { Tripoli	19	»
Benghazi	23	50
Wurtemberg Hohenzollern.........	9	»

Chaque fraction supplémentaire de 10 mots paie demi-taxe en sus.

CHAPITRE X.

SOMMAIRE :

Différences existant entre le langage vulgaire algérien et celui de Tunis. — Différences dans les costumes.

Un étranger ayant habité quelque temps l'Algérie et se rendant à Tunis, trouve de la difficulté à comprendre les phrases même les plus usuelles. Cette difficulté provient de la différence qui existe entre les dialectes d'Algérie et de Tunisie. Cette différence se fait sentir d'abord dans la prononciation.

Les Algériens prononcent de la gorge : ils accentuent fortement les lettres gutturales, tandis que les Tunisiens les disent sans y appuyer du tout. C'est ainsi par exemple que la 5e lettre de l'alphabet qui se prononce *djim* en Algérie devient à Tunis un *jim* sans le son du *d;* les Tunisiens prononcent cette lettre comme les Français prononcent le *g* quand il est suivi d'une voyelle comme dans les mots *geai, genou*, etc.; ils diront *jèbs* (plâtre) et non *djebs*, *gèga* (poule) et non *djèga;* nous donnons des exemples dans le vocabulaire ci-joint, que nous avons fait suivre de quelques locutions usuelles.

En jetant un coup d'œil sur ce vocabulaire, on comprend facilement l'embarras qu'éprouve un étranger habitué au dialecte algérien. On voit, en effet, que la presque totalité de ces mots sont entièrement différents dans les deux dialectes.

La manière d'indiquer les heures n'est pas la même à Tunis qu'en Algérie. L'heure, en général, se dit *oucqt* ou *fsol* et l'on dira *ach houa el ouoqt* ou *ach houa el fsol* pour demander quelle heure est-il?

L'espace de cinq minutes se dit *darj* (escalier, marche); celui de dix minutes *darjin,* etc.; la demi-heure *nosf sad;* trois quarts d'heure *sad lla rebb.*

Dans la matinée les Tunisiens disent : combien reste-t-il d'ici à midi? *ach baqi lel aouel,* et, après midi : combien est-il passé depuis midi? *ach madi men el aouel.* A partir de 6 heures du soir ils disent *ach baqi lichtar ellil* (combien reste-t-il pour minuit?), et après minuit *ach madi men chtar ellil* (combien est-il passé après minuit?).

Les formules de salutation diffèrent aussi de celles usitées en Algérie; mais la différence est peu grande : celles d'Algérie peuvent être parfaitement employées à Tunis, si l'on prend soin d'adoucir la prononciation des gutturales.

La même différence existe dans les costumes des Algériens et des Tunisiens, dans la même proportion qu'entre les deux langages.

Les Maures d'Alger sont vêtus de pantalons larges arrivant jusqu'au-dessous du genou, de bas et de souliers qui entourent le pied d'un cercle de cuir d'environ 3 centimètres.

Les Arabes de Tunis ne montrent pas leurs pantalons et portent des souliers absolument comme les nôtres, sans lacets et qu'ils n'entrent pas aux pieds.

Les Algériens ont un turban large peu élevé et légèrement incliné sur la droite.

Les Tunisiens portent leur turban droit, plus étroit et plus élevé. Enfin ils ont par dessus leurs vêtements de dessous une djebba de soie en été, de drap en hiver, que les Algériens, en général ne portent pas.

Les costumes des femmes diffèrent également et surtout parce qu'au lieu d'être voilées jusqu'aux yeux par un voile qui tombe verticalement, les Tunisiennes portent sur la tête un grand voile dit *adjar* qu'elles tiennent écarté à l'aide de leurs deux bras tendus presque horizontalement. Elles ne portent pas non plus de longs pantalons comme les femmes des villes de l'Algérie et leurs jambes sont enveloppées d'un maillot blanc.

Dans leur intérieur elles ont sur la tête, au lieu d'une simple chachia dorée, une espèce de bonnet plat auquel sont appendus trois morceaux d'étoffe, le tout brodé d'or et d'argent et qui forment la *koufia*.

CHAPITRE XI.

SOMMAIRE :

Tarif des droits de sortie des différents produits de la Tunisie.

	Piastres.
Huiles par métal de Tunis, Djerba, Gabès et Bizerte.....................	5 »
Huiles par métal de Monastier et de Sousse........................	7 50
Huiles par métal de la Mehdie........	8 »
Huiles id. de Sfax.............	8 50
Cuivre travaillé et non travaillé par quintal.......................	75 »
Savon par quintal....................	15 »
Peaux de chèvres par quintal.........	20 »
Poils de chèvres id.	10 »
Toisons de moutons id.	15 »
Miel id.	25 »
Éponges non lavées id.	15 »
Id. lavées id.	60 »
Garance id.	10 »
Chiffons id.	2 »
Os id.	1 »
Henné id.	7 50

Olives par quintal....................	7 »
Polypes id.	25 »
Beurre id.	20 »
Cire id.	20 »
Peaux de bœufs par quintal...........	12 »
Coton brut id.	30 »
Indigo id.	30 »
Fleurs de myrte *(gemmam)* par quintal..	5 »
Pyrèthre *(gontoss)* id. ..	4 »
Tan et matière tinctoriale dite *erjakno* par quintal.....................	1 50
Laine travaillée dite *bounetouf* par quintal...........................	30 »
Dattes dites *horras* par quintal........	6 »
Dattes vertes id.	2 »
Amandes en coques id.	5 »
Amandes sans coques id.	15 »
Pistaches id.	15 »
Raisins secs et figues sèches par quintal............................	2 »
Souek (écorce du noyer) par quintal...	50 »
Goudron id. ...	5 »
Œufs de poisson et de thon id. ...	15 »
Sangsues par roll...................	10 »
Légumes secs de toutes sortes par cafis.	40 »
Son par cafis.....................	10 »

Bonnets rouges ou *chachias*.......... 3 p. 0/0
Nattes tissées et paniers.. .... 10 p. 0/0
Tissus de coton et de soie.......... 10 p. 0/0
Coton et laine filés................ 10 p. 0/0
Or et argent travaillés par quintal... 50 p. 0/0

VOCABULAIRE FRANÇAIS-ARABE

suivi de quelques phrases usuelles,
pour établir la différence entre les dialectes
d'Algérie et de Tunisie.

A

FRANÇAIS.	ALGÉRIEN.	TUNISIEN.
Affaire	Qdia	Nazla
Allumettes	Terchaq	Ouqid
Alouettes	Mellah	Qouba
Amadou	Qhou	Toom
Ane	Himar	Bhim
Argent monnayé	Drahem	Flouss
Artichaux	Guernoun	Guennaria
Assiette	Tebsi	Shan
Avant-hier	Aouel bareh	Aouel ems

B

Balle de plomb	Rsas	Tsqil
Bâton	Asa	Okkaz
Barbier	Haffaf	Hajjam
Boue	Tine	Tabà
Bourse	Tezdam	Chkara
Bouteille	Qara	Debbouza
Braise	Djamra	Oulà

C

Caméléon	Tata	Oumm el bouya
Canard	Brak	Germano
Canne	Khizrana	Bakita
Capuchon	Guelmouna	Tarboucha
Carotte	Zroudia	Sfennaria
Carnier	Hiba	Joulaq
Carreau de vitre	Zdjaja	Bellara
Cassis (fleurs de)	Bane	Mesq essnadoq
Céleri	Krafess	Klafess
Célibataire	Zbantout	Azeb
Chat	Gatt	Gattous
Chaussettes	Tqacher	Klasett
Chemises	Qmidja	Souria
Chemin	Triq	Tnia
Cheval	Aoud	Ilsan (toujours)
Coller	Lessaq	Baqqat
Compter	Hseb	Add
Concombre	Khiar	Faqqous
Courir (galoper)	Denni	Sir
Couteau de table	Khodmi	Sekkina
Cris	Aiath	Hass, siah

D

Décoration	Chiâ	Nichane
Dépêcher	Azreb	Ajjel
Déshabiller	Arri	Nezza
Dessert	Fakia	Ghalla

Deux	Zoudj	Tnin
Dispute	Kabda	Arka

E

En bas	Ettaht	Elouta
Encre	Midad	Hbar
Encrier	Douaya	Mhabra
Épingle	Messak	Khlal
Étourneau	Zarzour	Asfour ezzitoun

F

Fenêtre	Taqa	Chebbak
Ferme	Bordj	Enchir
Finir	Kemmel	Oufa
Fumée	Dokkhan	Dakhna
Fusil à deux coups	Mokahla	Magrouna

H

Hier	Elbareh	Ems
Hommes	Rdjal	Enfar

I

Ici	Hena	Houni

J

Jardin	Djenane	Sania

Jolie	Chabba	Zeina
Jument	Aouda	Fress

L

Lapin	Gounin	Erneb
Lieux d'aisance	Knif	Mihad
Lion	Sbâ	Sid
Lit	Ferch	Srir
Lourd	Tsquil	Rzine
Lunettes	Nouader	Mrayat

M

Maintenant	Droq	Taoua
Marchand	Msebbeb	Tajer
Midi	Nosf ennhar	Louel
Minuit	Nosf ellil	Chtar ellil
Moineau	Zaouech	Bezouich
Moitié	Nosf	Chtar
Montre, pendule	Sàa	Mongala
Moquerie	Tmeskhir	Tmanik
Moulin	Rha	Tahouna

N

Nombre	Hsab	Aded

O

Œufs	Aoulad ed djaj	Odam

Oiseau	Tir	Asfour
Ordures	Zbel	Zebla
Orge	Zrâ	Chaïr

P

Parapluie	Siouana	Shaba
Peur	Khouf	Fejâa
Pied	Ridjl	Saq
Pistolet	Bechtoula	Ferd
Plaine	Outa	Behira
Plaisir	Mzia	Mroua
Plomb de chasse	Chatem	Roche
Pluie	Chta	Mtar
Poche	Djib	mektoub
Poudre	Baroud	Koskçi
Poussière	Ghbar	Ghabra
Prise de tabac	Chemma	Neffa
Promener	Houss	Doulech
Proxénète	Qouad	Tahbane
Puits	Haçi	Bir
Poulpe	Boucherrayt	Qarnite

Q

Queue	Baçouss	Babouss

R

Radis	Mechthi	Fjel

Raser	Haffef	Hajjem
Rouge	Ahmar	Akri
Rue	Zanqa	Chara

S

Sabre	Sekkine	Sif
Siffler	Saffar	Zammar
Signature	Khatt iedd	Firma
Soufre	Kebrite	Bakhara

T

Tabatière	Kabsa	Sendouq
Table	Taoula	Mida
Tailleur	Khyat	Terzi

V

Vermicelle	Fdaouch	Douida
Verre	Zdjadj	Gzaz
Verre à boire	Kas	Taça
Violon	Kamandja	Yrana
Vite	Fisâa	Belajla

TABLEAU

DES LOCUTIONS JOURNELLEMENT USITÉES A TUNIS.

FRANÇAIS.	ALGÉRIEN.	TUNISIEN.
mment allez-vous ?	Ach halek.	Kif ennek.
nnez-moi un peu d'eau.	Atini ma nochrob.	At chriba ma.
nsoir (à la fin de la journée).	Masik bel kheïr.	Tesbah a la kheïr.
'y a-t-il ? Qu'est-ce ?	Achenhoua.	Ach temma.
i est là ?	Menhoua.	Ach koun.
ez-vous-en !	Rouh	Barra.
nez ici.	Adji hna.	Ija houni.
tourner (chez soi).	Oulli.	Roudh.
elle heure est-il ?	Achenhia essâa.	Achenhoua el ouoqt.
elle heure est-il (le matin)?	Id.	Ach baqi lellaouel.
Id. (le soir) ?	Id.	Ach madi mellaouel.
ux heures moins un quart.	Saatin rir rbô.	Saatin la rebb.
est sorti (à la fin d'un discours).	Kredj.	Temm kharedj.
nne-moi cela.	Atini ada.	Hèt ada.
me retardez pas.	Ma touakharch alia.	Ma tattalnich.
i vu.	Cheft.	Rite.
i vu passer un homme ivre.	Cheft radjel djaïz ou houa sokrane.	Rit rajel metaddi ouahoua makhmour.
i perdu ma bourse.	Ouddat tezdami.	Rieht el chkara.
seyez-vous ?	Oqod.	Ertah.
oigne-toi, chien ?	Adheb ia kelb.	El baïd ia kelb.
s'est échappé de chez nous.	Hreb men andna.	Fsâ alina.
vous le retrouvez, attrapez-le.	Ida sobtouh ahkmouh.	Ida lqitouh etmekknou bih.
us m'avez fait peur.	Ouallah khoueftni.	Ourabbi fejjâtni.
e regardez-vous ?	Ach tet farrej fih.	Ach qaad toghzor.
pêchez-vous ?	Azreb.	Estadjel.
rmez la porte ?	Rodd el bab.	Sakkar el bab.
ites-moi le plaisir.	Amel li mzia.	Amel li mroua.
ez-vous vu ces hommes ?	Cheftchi ad errdjal.	Ritchi adal enfar.
est malade.	Rahou mrid.	Ma iqderchi.
issez-moi tranquille.	Qilni.	Akhtini.
y a longtemps que je ne l'ai vu.	Elioum zman ma cheftekchi.	Taoua mouedda ma ritekchi
s'est mis en colère.	Tghachchech.	Traâd.

TARIF DES POSTES A PARTIR DU 1er JANVIER 1866.

(Décret impérial du 25 octobre 1865.)

ÉCHANTILLONS ET IMPRIMÉS PARTANT DE TUNIS

POUR LES LETTRES	LETTRES par 10 grammes ou fraction de 10 grammes — affranchies.	LETTRES — non affranchies.	LETTRES CHARGÉES 10 grammes affranchissement obligatoire.	IMPRIMÉS de toute nature 40 grammes.	ÉCHANTILLONS de marchandises 10 grammes.	LETTRES de 7 grammes 1/2 — affranchies.	LETTRES — non affranchies — chargées.	IMPRIMÉS affranchis — Poids.	Prix.	IMPRIMÉS non complètement affranchis — Poids.	Prix.
France, Algérie. Bureaux français établis en Turquie, Égypte et Tanger.	0 40	0 60	Taxe fixe de 40 c. en sus de l'affranc.	0 08	0 08	»	»	»	»	»	»
Colonies françaises d'Asie, Réunion, Mayotte et dépendances, Sainte-Marie de Madagascar, Nouvelle-Calédonie, îles des Vins, îles Loyalty, Sénégal, établissements français de la Côte-d'Or et du Gabon.	»	»	Id.	0 11	0 08	»	»	»	»	»	»
Îles Marquises, îles Basses, îles de la Société.	»	»	»	»	»	»	»	»	»	»	»
Île de Malte.	»	»	»	»	»	»	»	»	»	»	»
Royaume de Grèce.	»	»	»	»	»	»	»	»	»	»	»
Royaume d'Italie, États pontificaux, Suisse, États d'Allemagne, Autriche, Prusse, Belgique, Grand-Duché-de-Luxembourg, Pays-Bas, Grande-Bretagne.	1 20 / 1 70	1 20 / 1 70	Doubler la taxe de l'affranc. Id.	0 16 / 0 26	» »	0 40 / 0 50	0 60 / 0 50	40 / 40	0 16 / 0 26	» »	» »
Schang-Haï, Yokohama.	»	»	Id.	»	»	»	»	40	0 08	»	»
Danemark, Suède, Norvège, Russie, Pologne, Aden, Indes-Orientales anglaises, Ceylan, Penang, Singapore, île Maurice, Hong-Kong, Nouvelle-Galles du Sud, Victoria, Queensland, Australie occidentale, Nouvelle-Zélande, Brésil, États-Unis d'Amérique du Nord, Antigoa, Bahama, Barbades, Bermudes, Cariacou, Accra, Cape-Coastle et Dominique, Honduras britannique, Montserrat, Nevis, Saint-Christophe ou Saint-Kitts, Sainte-Hélène, Sierra-Leone, Tabago, Terre-Neuve, Tortola, Guyane anglaise, Jamaïque, Grenade, Sainte-Lucie, Saint-Vincent des Antilles, La Trinité, Canada, Nouveau-Brunswick, Nouvelle-Écosse, île du Prince Édouard.	»	»	Taxe fixe de 50 c. en sus de l'affranc.	»	»	0 60 / 0 80	0 90 / 1 »	40	0 13	»	»
Espagne, Portugal, Gibraltar.	»	»	Doubler la taxe de l'affranc.	»	»	1 20 / 1 »	1 20 Obligat'.	»	»	»	»
Colonies et pays d'outre-mer sans distinction de parages (moins les colonies et pays dénommés ci-dessus dans l'article 4).	»	»	Id.	»	»	1 60	Id.	»	»	»	»

TARIF

DES LETTRES EXPÉDIÉES DE TUNIS PAR VOIE D'ITALIE (1864).

DESTINATION.	LETTRES.		OBSERVATIONS.
	POIDS.	TARIF.	
Italie.......	10	0 40	Les affranchissements doivent être faits en timbres italiens qu'on trouve à la poste italienne.
France......	10	0 80	
Angleterre...	10	0 80	
Espagne.....	10	0 80	
Portugal.....	7 1/2	1 10	
Gibraltar....	10	0 80	
Suisse.......	10	0 70	
Grèce.......	10	0 60	
Turquie.....	10	0 80	
Égypte......	10	0 60	
Tanger......	»	»	
Amérique....	10	1 40	
Malte.......	10	0 80	

TABLE DES MATIÈRES.

	PAGES.
Avant-propos...	3
Chapitre Ier....	5
Chapitre II...	11
Chapitre III...	18
Chapitre IV...	23
Chapitre V...	28
Chapitre VI...	34
Chapitre VII...	41
Chapitre VIII...	48
Chapitre IX...	50
Chapitre X...	55
Chapitre XI...	60
Vocabulaire français-arabe...	63
Tableau des locutions...	69
Tarif des postes françaises...	70
— italiennes...	71

Constantine. — Imp. L. MARLE

PHARMACIE
FRANÇAISE ET ITALIENNE
A TUNIS ET A LA GOULETTE

Instruments en gomme élastique, bandages, biberons, bouts de sein, irrigateurs Éguisier, clysopompes, bas caoutchouc pour varices, produits chimiques, médicaments spéciaux des pharmaciens de Paris, dépôt de toutes les eaux minérales françaises et étrangères, thés, chocolats, pâtes et sirops.

CHABERT ET NATTA
PHARMACIENS

DROGUERIE, HERBORISTERIE & PARFUMERIE

DÉPOT SPÉCIAL

de l'Huile de foie de morue aromatisée et ferrugineuse de Michel ALBERTIN; du Sirop de salsepareille concentré de QUET; de l'Eau de Mélisse de Carmes déchaussés du frère MATHIAS.

Sirop pectoral et balsamique de
CHABERT & NATTA.

NOUVEAU RESTAURANT

TENU PAR

JULES COUSINARD

rue Sidi-Merjiani, ancienne maison Bineau.

Ce Restaurant, ouvert le 15 juillet 1868, offre à MM. les Voyageurs tout le confortable possible.

Déjeuners et dîners à prix fixe.

REPAS DE COMMANDE.

Prend des Pensionnaires et porte en ville.

PHOTOGRAPHIE J. GARRIGUES

Maison à Paris, boulevard de Strasbourg, n° 1.
Tunis, atelier principal, rue Sabat-Ekzir.

~~~

Collections en différents formats des vues de Tunis et de toute la Régence.

TYPES TUNISIENS

Dépôt dans les principaux bazars.

PORTRAITS EN TOUS GENRES

315.

www.ingramcontent.com/pod-product-compliance
Lightning Source LLC
LaVergne TN
LVHW020944090426
835512LV00009B/1703